AF554250

LA

DÉLIVRANCE DU PEUPLE.

Ouvrages du même écrivain qui se trouvent au Comptoir des Imprimeurs-Unis :

LES ÉPREUVES SOCIALES.

LA MANIFESTATION DE L'ESPRIT DE VÉRITÉ, 4e édition.

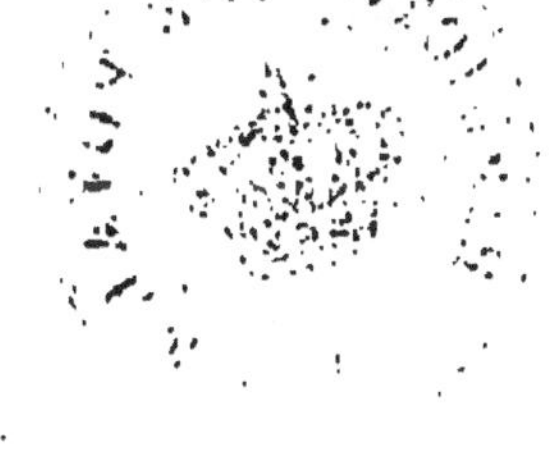

IMPRIMÉ CHEZ PAUL RENOUARD,
Rue Garancière, n. 5.

LA

DÉLIVRANCE DU PEUPLE

PAR

ALEXIS DUMESNIL.

A PARIS,

AU COMPTOIR DES IMPRIMEURS-UNIS,

Comon et Cie,

QUAI MALAQUAIS, 15.

1848.

CHAPITRE PREMIER.

Que la France considère l'état misérable où elle est réduite, et qu'elle pleure sur elle-même.

Si les hommes vivent en société, ils ne le doivent qu'à cette force merveilleuse de l'instinct dont la Providence leur a fait une loi, et non à la fausse sagesse des gouvernemens, qui jusqu'à présent n'ont su que gâter et corrompre le principe social. Au lieu d'inspirer aux peuples l'amour de la vertu, au lieu de rapprocher entre eux les hommes par des sentimens honnêtes , on ne leur a donné pour lien que des vices , et des affections perverses que l'on est toujours sûr de faire tourner au profit du despotisme. Et voilà comme on pratique l'art de gouverner ; voilà ce qu'on appelle encore ordre social, droit et justice des nations.

Or, c'est précisément cet ordre social que nous voulons juger à notre tour, cette abominable tyrannie qui s'empare de l'homme tout entier pour corrompre ses mœurs et pervertir ses plus nobles facultés. Déchu comme nous de votre céleste origine, souverain pouvoir des États, vous n'êtes plus que le misérable complice de toutes les inventions employées au triomphe de l'erreur, vous n'êtes plus que le vil artisan de toutes les impostures par lesquelles on arrive à faire prendre pour bon ordre et sage maintien de l'autorité, la violation éxécrable de tous les droits et de tous les sermens.

Et toutefois, ce qui ne cessera d'être pour nous un juste sujet d'étonnement, c'est le peu de précaution dont on use pour tromper les hommes, c'est l'impudence même avec laquelle on se moque des seules doctrines qui puissent assurer leur repos et leur bonheur. C'est vraiment à ne savoir ce qu'il faut le plus admirer ou de la cynique audace des grands charlatans de l'ordre social, ou de cette lâche complaisance de la multitude, qui semble se faire un honneur de tomber dans tous les piéges qu'on lui veut tendre. On dirait que le malheureux peuple ne se défie que des nobles sentimens, qu'il n'a de haine et de colère que pour les gens de bien. Les grands attentats lui imposent; il ne croit qu'à l'habileté du vice, qu'à la haute prudence des méchans ; et qui foule aux pieds nos lois est toujours sûr d'obtenir ses respects et ses hommages. Tel est le triste sort d'une nation qui a laissé s'éteindre la foi de ses pères, et chez laquelle le doute orgueilleux et une absurde infatuation de la science ont pris la place de la droite raison et tari la source pure des véritables lumières.

CHAPITRE II.

Que la France y prenne garde ! La même justice à laquelle est attaché le salut des nations devient pour celles qui la méprisent une occasion de ruine.—N'accusons que notre propre démence des malheurs qui nous accablent, et tâchons par un utile retour sur nous-mêmes d'échapper à de plus grands désastres.

Que pouvons-nous contre la volonté de Dieu, qui fait porter à tout un peuple, comme à un seul homme, la peine de ses folies et de son endurcissement ? Ah ! ce n'est point en rejetant des témoignages authentiques, ni une suite de faits et d'enseignemens qui font corps de doctrine, que l'on parviendra jamais à démentir cet ordre éternel de la Providence, dont chaque événement qui se passe sous nos yeux deviendrait au besoin une preuve nouvelle. Niez tant qu'il vous plaira les immuables décrets de sa justice, hommes intéressés à nier toute règle et toute justice, vous n'empêcherez point que chaque faute ne renferme en soi le germe de son châtiment. Vous n'empêcherez point que nous ne soyons soumis dès ce monde à une loi morale tout aussi inflexible que les propres lois de la nature, qui ne pardonnent aucun excès, et qui, rendant les maladies héréditaires, font retomber jusque sur les derniers de leur race la peine de la mauvaise vie qu'ont menée ses auteurs. C'est pourquoi je dis au peuple : faites maintenant un retour sur vous-même et ne vous obstinez point à suivre des voies où vous trouveriez infailliblement la mort.

Nous pouvons sans doute encore détourner le coup qui nous menace; nous pouvons encore nous sauver par la même doctrine qui a déjà sauvé une première fois le monde. Mais c'est à la condition que nous marcherons désormais dans toute la justice qui nous éclaire, que nous ne respecterons que ce que n'a point condamné la parole de vérité, que nous ne laisserons debout et sur pied que ce qu'elle n'a point ordonné d'abattre. Ce serait chose depuis long-temps accomplie, si l'Église de Jésus-Christ, trahissant sa mission divine, ne fût rentrée lâchement dans les voies de cet ancien monde païen qu'elle avait charge de détruire. Mais, au lieu de poursuivre sans relâche l'application rigoureuse des préceptes de l'Évangile, elle se laissa prendre aux amorces des princes de la terre qui ne virent d'autre moyen de préserver de sa ruine l'idolâtrie des richesses et des grandeurs que d'en partager la pompe sacrilége avec les successeurs infidèles des apôtres.

Or, la justice de Dieu est maintenant plus

forte que le monde. Elle l'a ébranlé jusque dans ses fondemens, et rien ne peut empêcher que la parole de vérité ne reçoive son entier accomplissement. Elle tirera de l'excès même du mal une vertu nouvelle, et fera, s'il le faut, sortir d'un abîme de honte, la régénération des peuples qu'elle aura résolu de sauver. O France, voilà comme cette race perverse qui pille et corrompt aujourd'hui tes enfans, sert elle-même, sans le savoir, les desseins de Dieu. « C'est moi, dit le Seigneur, « qui ai créé le meurtrier qui ne pense qu'à « tout perdre. » Et c'est encore le Seigneur qui a permis que de notre temps une bande de malfaiteurs montât au pouvoir pour exciter apparemment l'indignation de la France, et l'obliger à faire un retour sur elle-même. Car ce n'est guère que sous l'aiguillon de l'ignominie que se peut réveiller un peuple chez lequel toute croyance et toute morale sont éteintes. Et sans doute le mal n'a été poussé si loin, que pour qu'il soit bien reconnu que l'on doit chercher ailleurs que dans l'élévation et la haute fortune des hommes la véritable source de l'honneur et de la probité ; le besoin se manifestant chaque jour davantage de donner à la société d'autres bases que celles d'une idolâtrie stupide des richesses et des grandeurs.

Quel que soit, du reste, le triste avenir qui menace la France, ne vous en prenez qu'à vous-mêmes de la rigueur de votre sort ; n'en accusez que vos folles passions et cette lâche connivence d'une multitude insensée qui met toujours son bras au service de ceux qui font le mal. Eh ! qui donc soutient encore parmi nous le vieux monde païen ? Qui donc retarde par son incrédulité arrogante le règne de justice d'où les nations attendent leur propre salut, sinon ce peuple opiniâtre et endurci, qui renie la foi de ses pères comme il méconnaît ses véritables intérêts. Non, je ne sais point de plus déplorable aveuglement que celui d'une nation tournant contre elle-même son impiété, et formant avec ses oppresseurs une ligue sacrilége contre la parole de vérité qui détruit leur criminelle et mensongère grandeur. C'est, hélas ! que dans la corruption où il s'abîme, un peuple redoute encore moins les violences du despotisme, que le frein de cette justice divine qui l'oblige à réformer ses mœurs. Et de là vient précisément que les riches et les grands ont eu tant de facilités à donner le change sur le véritable esprit de l'Évangile, et à se perpétuer dans les droits ou les priviléges dont le Christ était venu prononcer la condamnation.

Mais, hâtons-nous de le dire, toute la puissance humaine ne saurait empêcher celui qui a fait le monde de sa parole, de gouverner, quand il lui plaira, les peuples et les nations par cette même parole. En effet, combien de fois déjà le pouvoir, malgré sa mauvaise volonté, n'a-t-il pas feint de dépouiller le vieil homme pour recourir à l'application des vérités évangéliques? Et d'un autre côté, voyez tout ce que le peuple, obéissant à un secret instinct, a employé de peines et d'efforts pour changer l'ancienne forme païenne de ses gouvernemens! Or, ce sont là les premiers pas vers cette régénération sociale à laquelle on ne peut arriver que par Jésus-Christ, et sans laquelle il n'est ni peuple ni empire chrétien.

CHAPITRE III.

La nouvelle terre promise, et ce qui depuis cinquante ans de révolutions nous empêche d'y entrer.—Mauvaise foi des dévots et corruption de l'Église. — Le moment est venu pour la France d'opter entre son salut et sa ruine. — Elle ne peut se régénérer que l'Évangile à la main. Toute autre voie la conduit aux abîmes.

Que si la France n'a fait, depuis cinquante ans, que changer de chaînes et de misères, qu'elle sache donc reconnaître dans sa propre détresse le juste châtiment d'un peuple qui pour se mettre en liberté, commence par renier et blasphémer le souverain libérateur des hommes. Comme Israël, incrédule et opiniâtre, passa quarante années dans le désert, voilà plus d'un demi-siècle déjà, que, secouant le joug de la monarchie païenne de Louis XIV et de Louis XV, non moins corrompue que celle des Pharaons, la nation française marche, sans pouvoir y entrer, vers une autre terre de promission, vers ce nouvel ordre social chrétien, dégagé de tous les mensonges et de toutes les hypocrisies du monde. Faut-il donc perdre une si belle espérance, et renoncer pour jamais à ce règne de justice et de vérité, d'où semblent nous éloigner de plus en plus la mauvaise foi de nos guides et la révolte toujours croissante de nos passions.

Le moyen, en effet, de parvenir à cette régénération de l'ordre social si désirée, lorsqu'il n'est personne aujourd'hui qui ne marche en sens contraire du but que l'on se propose d'atteindre? Le moyen d'établir l'unité de doctrine là où les uns, combattant pour les principes évangéliques de fraternité et de liberté, ne veulent point croire à la divine mission du fils de l'homme, qui seul peut leur donner la force d'édifier, tandis que les autres, au contraire, bons croyans et vrais piliers d'Église, prétendent noyer dans de petites pratiques de dévotion la divine parole de Jésus-Christ? Encore soutiendront-ils, les insensés, que son royaume n'est point de ce monde, le royaume de justice et d'amour qu'il est venu nous annoncer, et que nous demandons chaque jour à Dieu lui-même; regardant apparemment comme paroles oiseuses ces divins préceptes dont l'objet est de substituer à toutes les distinctions païennes d'espèces le doux régime d'un ordre social fondé sur la fraternité.

Aussi, l'indifférence de notre siècle a-t-elle fait encore moins de mal à la cause de la religion, que le zèle aveugle ou l'hypocrisie des faux dévots. Et nous ne voulons point oublier non plus cet indigne accord des princes de l'Église avec les princes de la terre pour nous cacher une partie de la vérité, et nous tromper sur les plus légitimes espérances de notre foi. Car ce n'est pas apparemment ce semblant de croyance que vous ont transmis des prêtres vendus à la forme sociale païenne qui pourra convertir le vieux monde, et porter les fruits sacrés que nous attendons de la loi de Jésus-Christ.

Si c'est un enseignement des Écritures, que l'on ne doit non plus omettre ce qui est commandé, que l'on ne doit faire ce qui est défendu, jugez maintenant par vous-mêmes du peu de bonne foi de ceux qui se refusent à l'accomplissement des préceptes d'amour et de fraternité, sur lesquels l'Évangile fonde le nouvel ordre social. On a tenté de remettre le chandelier sous le boisseau, mais il menace de tout embraser, et c'est aujourd'hui cette lumière qui force le monde à son insu de rentrer dans les voies mystérieuses de la Providence. Ou nous suivrons la route que nous a tracée la parole de vérité, ou la France toujours plus aveugle et plus corrompue, donnera les mains à de nouvelles impostures et deviendra le propre instrument de sa ruine.

Eh! pensez-vous que le juge suprême des nations ait en vain manifesté ses volontés? Pensez-vous qu'il parle pour n'être point écouté, qu'il commande pour n'être point obéi? Ce libre arbitre qui consiste à choisir entre le bien et le mal, entre le juste et l'injuste, ne serait-il donc que la malheureuse faculté pour l'homme de se livrer à tous les excès, et le droit absurde de donner au vice la préférence sur les plus saintes inspirations de la vertu? Sans doute que, dans la plénitude de notre liberté, nous pouvons fouler aux pieds toutes les règles de la morale, et ne tenir compte ni des croyances les mieux

établies ni des devoirs les plus sacrés : mais à nous aussi les périls de la transgression ! à nous les revers et les calamités, et l'impuissance honteuse de rien mener à bonne fin.

Personne, ô malheureuse nation, n'a le droit de vous imposer des croyances ; mais on vous avertit que si vous ne cherchez en Jésus-Christ la sanction d'un ordre social dont il est venu poser la première pierre, non-seulement vous n'entrerez pas dans ce règne de justice qui est votre terre de promission, mais que vous serez retranchée du nombre de ces nations parmi lesquelles votre corruption vous a déjà fait descendre au dernier rang. On vous avertit, peuple extravagant et raisonneur, que, dans cette affreuse décadence où l'État est tombé, vous ne cesserez de vous livrer à de nouveaux déportemens, de vous haïr et de vous entr'égorger, tantôt pour une idole, tantôt pour une autre, bien que toujours assuré de voir la puissance rester aux mains des plus méchans. On vous avertit que, sous le coup de la malédiction qui porte aujourd'hui le trouble dans les esprits, vous adopterez les plus folles opinions, vous vous enivrerez des plus exécrables doctrines, imaginant continuellement de nouveaux systèmes sans essayer d'une meilleure vie, parlant toujours de progrès et de perfectionnement sans jamais avancer d'un pas.

Et n'est-ce pas un assez grand châtiment déjà que cette soudaine irruption de sectes dont nous a inondés votre orgueil sans bornes, que ce déluge d'écoles ou de religions nouvelles, qui suffiraient seules à représenter tous les vices et toutes les folies de notre temps? Sans le mépris que font les chrétiens des ineffables trésors de leur foi, auraient-ils souffert que de vils imposteurs s'attribuassent le mérite de cette sainte doctrine de fraternité, qui n'est dans le monde que par l'Évangile, et qui ne peut recevoir que de Jésus-Christ son application? Se serait-on fait des propres lumières du christianisme une arme contre l'Église, si l'Église, connaissant mieux son devoir, eût elle-même pris le parti de fonder un ordre social chrétien? Or, il n'est que trop vrai, que c'est le peu de foi de l'Église qui depuis long-temps ouvre la porte à tous les mensonges, que c'est sa corruption, toujours croissante, qui laisse le champ libre à tant de fausses doctrines, que l'on n'a fabriquées, à l'exemple de la fausse monnaie, que parce qu'il est une croyance de bon aloi, comme il est un or pur et véritable.

Aussi est-ce l'Évangile de Jésus-Christ, tel que l'ont annoncé les apôtres qui peut seul arrêter la France sur la pente fatale où elle est entraînée! Son salut ne peut venir que de la plénitude de la parole divine et non de ce lambeau de vérité dont se contente une église sans intelligence et sans foi, et non de cette pâle lumière de justice qui suffit à des chrétiens infidèles. Certes, il faut que la régénération soit entière, mais il faut aussi que le peuple de son côté consente à entrer dans la voie qu'on lui présente; et ce n'est pas chose facile, tant que cette France extravagante et païenne, livrée aux doctrines du matérialisme, continuera d'afficher la honte de son incrédulité. En attendant, il en sera de tout ce que pourront entreprendre les hypocrites régénérateurs de l'ordre social, comme de vos malheureux essais de république ou de liberté, toujours inutiles et sans succès parce que la France n'avait aucune des vertus qui font les républicains.

Si vous dites que l'on n'a que faire de Jésus-Christ pour donner maintenant aux peuples la justice qu'il leur a promise, je vous déclare que vous parlez comme des fourbes et des imposteurs; car nul n'a le droit de donner en son nom ce qui ne vient pas de soi, mais d'un autre. Et tel est l'aveuglement dont vous êtes frappés, qu'il vous manquera toujours, pour accomplir votre œuvre de régénération, cette puissance efficace que l'on tire, non de sa propre vertu, mais de tout principe dont la sanction est en Dieu. Pense-t-on, d'ailleurs, que ces hommes de mensonge qui poussent jusqu'au délire l'impiété d'une génération vaniteuse et ignorante, ne se trompent point dans les espérances de leur fol orgueil? Pense-t-on qu'ils ne seront pas obligés de rendre compte un jour des abominables doctrines dont le peuple attend imprudemment son salut? On l'a déjà trompé tant de fois ce peuple que tout le monde veut sauver, et ses malheurs sont aujourd'hui si grands, qu'il pourrait bien, à la fin, ne lui rester plus assez de patience pour endurer de nouvelles trahisons!

Toutefois n'oubliez pas que la même parole de vérité qui rendrait à la France la force et la vie pourra bientôt n'être elle-même qu'une occasion de ruine pour le peuple qui l'aura méconnue. Le châtiment des cœurs endurcis n'est-il pas dans l'ordre éternel de la Providence? Ceux que la parole de vérité ne rend pas meilleurs, Dieu a voulu qu'elle les aveuglât, qu'elle les fît pires encore qu'ils ne sont. Ainsi disparaîtra cette race bâtarde de demi-chrétiens, toujours en défense contre les propres principes de leur foi, toujours sur le seuil du mensonge ou de l'imposture, ne prenant de la justice que ce qu'elle a de facile, et rejetant tout ce qui peut nuire à leurs plaisirs ou troubler leur repos.

CHAPITRE IV.

La politique du monde n'aboutit dans son progrès qu'à de plus grands crimes. — Les hommes puissans donnent l'exemple du brigandage. — Endurcissement des indignes successeurs des apôtres. — Ne s'attacher qu'à la parole de vérité, et laisser le prêtre courir à sa ruine.

Qui peut dire où nous conduira cet égarement jusqu'ici sans exemple, cette infidélité de tout un peuple vivant à l'aventure, sans règle, sans Dieu, sans conscience? Qu'adviendra-t-il d'une nation qui ne compte que par ses misères et ses flétrissures chaque pas qu'elle prétend faire dans la voie du progrès? Chose terrible à reconnaître! C'est en punition de notre relâchement, c'est par une suite naturelle de la première violation de notre foi, que nous sommes arrivés d'apostasie en apostasie à violer tous nos sermens, à renier toutes nos opinions, aussi bien les croyances politiques que les croyances religieuses. Et, je le dis à haute voix, il y a dans cet avilissement où est tombée la France, dans ces opprobres dont elle est aujourd'hui couverte, tous les signes d'une prochaine destruction. C'est une de ces plaies horribles qui dévorent les États quand on n'ose y porter la sonde et couper dans le vif. Déjà vos gouvernans ont épuisé les dernières ressources du crime, et le pouvoir, sur le bord du précipice, ne se soutient plus qu'à l'aide de cet abominable réseau de complicité qui lie d'un bout de la France à l'autre tous les hommes habiles à faire le mal.

Comme nous ne cherchons non plus en Dieu le principe de l'ordre social que le principe même de la science, il en résulte que tout ce que l'on tient pour progrès politique ou scientifique, se faisant en dehors de certaines règles d'équité, doit également tourner à notre confusion. De plus grandes lumières ne servent parmi nous qu'à faire de plus grands fripons ; et pour peu que l'audace vienne se joindre à la fourbe, vous avez ces hommes d'État fameux pour lesquels charges et honneurs ne sont qu'un moyen de glisser leurs mains dans nos poches. Eh ! quoi, ceux qui tiennent le pouvoir ne sont-ils donc pas assez connus pour qu'on ait le droit de dire ce que l'on en pense ? Quelle entreprise forment-ils de nos jours qui ne cache un secret misérable ? Quel marché font-ils qui ne renferme des conditions honteuses ? Pour eux, traité ou fraude, concession ou concussion, c'est tout un. Qu'ils vendent, qu'ils achètent, qu'ils construisent ou qu'ils démolissent, c'est toujours pour tromper l'État et se donner l'occasion de piller et de voler tout à leur aise.

Ainsi, tandis que l'on persiste à chercher le remède où il n'est point, la société se détruit et tombe en dissolution. Et, cependant, pour nous, qui, comme les prophètes, n'avons foi qu'à la circoncision du cœur, qu'au baptême de l'esprit, ce ne sera pas apparemment d'un sacerdoce hypocrite et corrompu que nous attendrons le sel de la régénération, ce sel divin qui se trouve chez les vrais disciples du Christ, et non dans cette grande prostituée qu'on appelle l'Église. Qu'y a-t-il, en effet, de commun entre des hommes parés de titres et de dignités, logeant dans de somptueux palais, allant en carrosse prêcher au peuple la pauvreté et l'humilité, et ces fidèles apôtres de Jésus-Christ, qui s'honoraient, comme leur maître, de vivre du travail de leurs mains? Doit-on s'étonner maintenant, si le culte n'est plus qu'une vaine parade, s'il n'est plus pour nos prêtres que l'occasion d'étaler en public une pompe sacrilége? Il faut à un clergé sans foi des chanteurs et des chanteuses de l'Opéra, des airs profanes et des musiciens en renom! Il lui faut des coups de théâtre dans ses églises et des prédicateurs qui donnent la comédie. D'ailleurs, vous savez ce que valent les révérends pères qui lui viennent en aide, ces moines ambulans, ces prêcheurs par excellence qui ont su se faire une doctrine au goût du siècle, qui rassurent le riche, flattent l'ambitieux, applaudissent aux plus funestes desseins du pouvoir, en s'appuyant sans cesse sur les interprétations mensongères qu'ils donnent de l'Évangile.

Fuyez ces vils mercenaires, qui ne voient dans le sacerdoce de Jésus-Christ qu'un misérable gagne-pain; fuyez ces hommes sans intelligence et sans foi, qui célèbrent la messe, baptisent ou enterrent les morts, comme un ouvrier fait sa journée. Ce ne sont pas ces pasteurs infidèles, bien qu'ils vivent de la chair et du sang de Jésus-Christ, qui vous le feront connaître dans toute la vérité de sa parole. Comment vous apprendraient-ils ce qu'ils ne savent pas? Comment demanderiez-vous la santé de l'âme à des hommes plus malades et plus infirmes que vous ne l'êtes vous-mêmes? Vous qui cherchez de bonne foi la justice, repassez maintenant dans votre esprit cet avertissement d'une des plus grandes lumières de l'Église : « Tous les « évêques ne sont pas véritablement évê-« ques.... La dignité ecclésiastique ne rend « pas un homme chrétien. »

Et, toutefois, que la sainteté de votre doctrine, méconnue de ses propres ministres, n'en soit pas moins pour vous un éternel objet de respect et d'amour! Quand le prêtre mettrait à l'enchère les sources de la grâce et de la sanctification, quand il vendrait à beaux deniers comptant ses bénédictions, et le droit d'humilier le pauvre jusqu'au pied des autels, est-ce que Judas n'a pas vendu le Christ lui-même, et trahi tous ses devoirs et tous ses engagemens ? L'infidélité de l'Église, comme celle du fils de perdition, ne vous empêchera point de vaincre le vieux monde ; mais souvenez-vous qu'il ne peut être vaincu que par le glaive que le Christ a mis en vos mains. Et vous fût-il donné de détruire la vieille société païenne, vous ne pourriez faire sortir de ses ruines le nouvel ordre social de promission, que par la puissance même et l'esprit de celui qui est la loi vivante de l'humanité, et qui peut seul vous garantir la force et l'unité d'un lien que vous chercheriez inutilement ailleurs. Aussi, ne vous séparez jamais de la communion apostolique, dans laquelle réside manifestement l'infaillibilité du dogme et l'unité précieuse de votre foi. La parole de vérité ne vous défend pas moins de vous élever contre ce qui est dans l'ordre même de la Providence, que de partager les erreurs et la folie de cet aveugle sacerdoce qui court encore une fois au-devant du châtiment.

CHAPITRE V.

La loi de Jésus-Christ est encore à établir. — L'opulence des uns fait la misère des autres. —Trompeuse justice des institutions sociales. — Le pauvre contribue de son obole à payer ceux qui l'empêchent de vivre.—Grandes restrictions à apporter au droit de propriété, selon l'esprit de l'Évangile. — Le droit de propriété flétri par les plus sages interprètes de l'Écriture sainte.

Que le jour de la régénération arrive, c'est-à-dire l'établissement de la véritable société chrétienne, et vous vous demanderez avec indignation comment on a pu supporter si long-temps l'imposture d'un ordre social directement contraire à son principe. Vous ne comprendrez point que le faste des cours, que l'inégalité révoltante des rangs et des fortunes soient parmi nous ce que les avait faits le monde païen ; qu'il y ait encore pour les uns des palais tendus de pourpre, aux lambris de marbre et d'or, et pour les autres de misérables bouges, sales et infects, où l'on manque tout à-la-fois de bon air, de vêtemens et de nourriture. A ceux-là les grands biens et les riches héritages ! A ceux-ci, les angoisses de l'indigence et de la misère ! Or, c'est précisément cette injuste différence de l'homme à l'homme, cette absurde transmission de priviléges au mépris de la loi divine, qui n'en admet aucun, que l'on regarde comme le plus sûr garant de l'ordre public et comme une des bases essentielles de l'édifice social. Si bien que vouloir le règne de celui devant lequel il n'y a point acception de personnes, de celui qui enseigne dans toute sa justice l'application de la charité fraternelle, c'est être encore l'ennemi de César, un rebelle et un insensé.

Eh ! quoi, une obéissance servile étoufferait le cri de la conscience, et nos respects pour le pouvoir nous ôteraient le droit de faire connaître et ses prévarications et son hypocrisie ! Nous ne pourrions, magistrats superbes, vous tracer la route que vous devez tenir comme chrétiens et comme serviteurs de vos frères ! Nous ne pourrions vous rappeler à de meilleurs sentimens, à une politique plus équitable, au nom de cette foi commune, qui vous rend, ainsi que nous, disciples de la même doctrine et justiciables du même Dieu ! Serait-il donc dans la grande famille chrétienne, un rang, un degré d'élévation où l'on pût se soustraire à la règle du devoir, et fouler aux pieds les divins préceptes dont le monde attend son salut et son bonheur? Ce que nous venons déclarer ici, c'est que vous ne connaissez point la loi de Jésus-Christ, vous qui perpétuez le régime païen qu'il est venu détruire ; c'est que vous n'êtes ni chrétiens ni enfans de Dieu, vous qui laissez vos frères à la merci de la pitié publique, sans pain, sans vêtemens, sans asile, tandis que coulent pour vous le lait et le miel de la terre.

Bien que nous voyions les premiers disciples de Jésus-Christ vendre leur patrimoine pour le distribuer aux pauvres, bien que saint Jérôme, lui-même, ait dit qu'on ne saurait être co-héritier de Jésus-Christ et héritier d'une grande succession dans le siècle, on conçoit néanmoins que sous des princes païens, les plus vifs sentimens d'amour fraternel se soient comme renfermés dans des secours et des aumônes publiques. Mais que des nations chrétiennes, gouvernées par des princes chrétiens, n'aient pu jusqu'à présent rien imaginer de mieux que l'aumône et la charité pour subvenir aux besoins des membres déshérités de la grande famille, c'est ce qui passe toute croyance. Il n'y a que le monde qui dans ses derniers efforts soit capable d'opposer de si grands obstacles ; et, en effet, tant que vous verrez une poignée d'hommes accumuler des trésors, réunir de vastes héritages et faire passer dans des domaines privés une partie des biens de l'État, tenez pour certain que les membres de Jésus-Christ continueront à vivre dans le dénuement le plus affreux, objet perpétuel de dégoût et de répugnance, et en proie à toutes sortes de misères et d'humiliations.

Et cependant nous ne venons pas condamner au nom de l'Évangile, qui ne le condamne point, ce droit de propriété dont il a plu à Dieu lui-même de faire un des plus puissans ressorts de l'ordre social. Nous ne venons point témérairement combattre les lois mystérieuses de la Providence divine. Mais ce que nous disons, c'est qu'il faut que le droit de propriété, qui répond à un instinct naturel de l'homme, soit comme nos autres appétits, réglé et maintenu dans certaines limites, et non pas livré à tous les caprices d'une convoitise effrénée. On a bien su restreindre dans les États chrétiens le mariage légitime à l'union d'un homme et d'une femme ; prévenez également par des lois restrictives toute débauche d'avarice, toute accumulation sordide de terres et de maisons dans les mains du riche. Empêchez qu'une monstrueuse opulence, transformant en promenades de luxe nos campagnes fertiles, ne frappe de stérilité cette terre féconde que Dieu a donnée à l'homme pour le nourrir. Réfrénez l'insatiable passion d'acquérir sans cesse de nouveaux biens, réduisez les grandes fortunes, réduisez les grands héritages, et sachez enfin arrêter par de bonnes et fortes digues cet odieux débordement des richesses qui ruine les mœurs et tue la conscience publique. Et comme on voit à l'étiage des ponts jusqu'où se sont élevées les grandes eaux, ainsi vous garderez pour l'enseignement de la postérité le souvenir de ces exorbitantes fortunes qui ont envahi les États et dépouillé le peuple du nécessaire.

Riches et grands de la terre, écoutez, s'il se peut sans trembler, cette longue suite de malédictions prononcées contre vous dans l'Évangile, et par les apôtres, comme par les prophètes. Voyez de toutes parts éclater la colère et l'indignation des plus fidèles disciples de Jésus-Christ, et osez dire que ce n'est pas une guerre sainte que l'on vous a faite, une guerre vraiment pieuse et méritoire devant Dieu. Ah ! si vous n'entendez plus retentir contre vous ces terribles anathèmes, c'est que nos prêtres se sont faits les suppôts du monde, c'est que trop occupés de leur propre fortune, ils trahissent et abandonnent lâchement le malheureux troupeau de Jésus-Christ. « O pasteurs, faut-il que les pasteurs « se paissent eux-mêmes, au lieu de paître

« leurs brebis? » Apprenez donc de notre bouche, vous tous qui faites le mal ensemble, prêtres et grands, que le moment est venu où la justice de Dieu va se charger encore une fois de vous instruire par de nouvelles révolutions et par de nouveaux malheurs. Apprenez que tout est déjà prêt pour votre ruine, et que cette parole de vérité que vous croyez renfermer dans vos tabernacles, n'a besoin que d'elle-même pour faire tressaillir le monde et l'ébranler jusque dans ses fondemens.

Et puis, comme si ce n'était pas assez que le riche se fût emparé de toute la terre, n'est-ce pas encore lui qui fait porter à ses frères déshérités tout le poids du jour, toutes les charges d'une société qui ne reconnaît pas au pauvre le droit de vivre. Disons-le hautement, l'iniquité est partout ! Elle est dans le droit commun de même que dans le privilége, dans la légale répartition des tributs, de même que dans la disproportion funeste des biens : voilà ce que l'on appelle l'ordre social. Et, toutefois, au milieu de tant de fourberies et d'injustices, nous ne savons rien de plus odieux que cette mensongère égalité de l'impôt, dont se couvre un pouvoir sans entrailles pour faire glisser sur le riche les charges qui vont écraser le peuple. Eh ! faut-il que donnant perpétuellement des armes contre lui-même, le peuple ait encore à payer sur son faible salaire ces gens du fisc, dont la mission cruelle est d'éloigner de la bouche du pauvre le boire et le manger?

Sans pratiquer la loi de Jésus-Christ, ne suffirait-il donc pas d'être homme de bien pour détester cette abominable politique qui condamne le pauvre à faire lui-même les frais de sa misère? Or, à plus forte raison, vous éleverez-vous, chrétiens, contre un pareil ordre social ; et, de même que les fortunes particulières ne devraient jamais dépasser certaines limites, vous comprendrez que l'impôt ne devrait jamais peser sur l'homme qui gagne sa vie à la sueur de son front. Que le fisc se détourne avec respect de celui-là, et charge d'une hypothèque de plus les biens du riche. Voilà comme vous obéirez à ces saintes croyances qui veulent que, quelque grande que soit parmi les hommes la diversité de talens et de conditions, il y ait toujours de la justice, et, comme dit l'apôtre, de l'égalité. Si la folle idée du nivellement des fortunes tend à pervertir l'ordre de la Providence, sachez que cette révoltante inégalité des biens qui ne laisse aux plus petits que l'aumône pour ressource, est une offense faite à Dieu lui-même dans la dignité de ses créatures.

Ceux qui se conduisent par les principes du monde veulent des changemens dans leur intérêt et non dans l'intérêt du peuple, et ils font les révolutions à leur profit. Or, c'est pour cela que vous ne devez avoir confiance que dans cette parole de vérité qui abaisse les montagnes et comble les vallées, dans cette justice divine qui seule a le pouvoir de redresser les voies inégales. Croyez, encore une fois, que vous n'arriverez que par Jésus-Christ à constituer le véritable ordre social chrétien, à réprimer le brigandage des hommes puissans, les abus et les usurpations de la propriété. Ce n'est que par celui qui a apporté dans le monde le dogme de l'amour fraternel que vous pouvez établir cette loi sainte de la communauté dont il a fait la pierre angulaire de son Église. Et, tout en respectant dans les fortunes particulières le droit de propriété, le pouvoir comprendra néanmoins qu'il ne les saurait distinguer à certains égards du fonds commun, sur lequel l'État doit incessamment pourvoir aux besoins de tous. Voilà ce que la justice enseigne, et dans quel sens on doit faire l'application de l'Évangile à la politique : le reste n'est que vaines cérémonies et figures de ce qui doit être un jour.

Loin d'annoncer une doctrine nouvelle nous ne voulons qu'indiquer la source du véritable progrès, et faire voir de quel côté seulement peut venir la régénération après laquelle nous soupirons tous. Que le monde n'a-t-il assez d'intelligence pour discerner les temps et pour reconnaître dans la colère qui éclate contre l'ancien ordre social, l'effet même du divin précepte de fraternité portant aujourd'hui ses fruits salutaires? Ah! sans doute on ne regarderait point comme des semeurs de nouveautés, comme des fauteurs d'anarchie ceux qui viennent présentement livrer un dernier combat à l'idolâtrie des richesses et des grandeurs, et régler par l'esprit même de l'Évangile le droit de propriété. Que font-ils sinon de vous rappeler à une croyance qui fut toujours la condamnation de votre ordre social? C'est un feu qui ne s'est jamais éteint; et vous devez encore vous souvenir de l'illustre prélat que vous avez à si juste titre surnommé l'aigle de Meaux, lorsque, prêchant la parole de Dieu à des hommes tels qu'il n'y en eut peut-être jamais de plus jaloux de leurs droits et de leurs priviléges, ce fidèle apôtre leur peignait si vivement tous les maux que traînent à leur suite nos institutions les plus vantées. « Dieu, « s'écriait-il, le père commun des hommes, « a donné dès le commencement un droit « égal à tous ses enfans sur toutes les choses « dont ils ont besoin pour la conservation « de leur vie. Aucun de nous ne peut se « vanter d'être plus avantagé que les autres « par la nature; mais l'insatiable désir d'a- « masser n'a pas permis que cette belle fra- « ternité pût durer long-temps dans le monde. « Il a fallu venir au partage et à la propriété, « qui a produit toutes les querelles et tous

« les procès : de là est né ce mot de *mien* et « de *tien*, cette parole si froide, dit l'admi« rable saint Jean-Chrysostôme ; de là cette « grande diversité de conditions, les uns « vivant dans l'affluence de toutes choses, « les autres languissant dans une extrême « indigence. »

Vous le voyez, nous ne voulons que ce que veut l'éternelle parole de Dieu, nous ne condamnons que ce qu'elle a condamné. Et cependant il faut que vous sachiez que les jours de grâce et de délai touchent à leur fin, et qu'il n'y a que l'insensé qui puisse se rassurer, en disant : les choses ont toujours été ainsi, et elles seront toujours de même. Le temps, en effet, a marché ; et comme vous n'avez tenu aucun compte de tant d'épreuves par lesquelles il a plu à la Providence de vous faire passer, nous vous déclarons que Dieu lui-même est à bout de patience.

CHAPITRE VI.

Prêtres et grands sont d'intelligence pour falsifier le christianisme. — Intérêt qu'ils ont à cacher le vrai sens des humiliations et de la pauvreté de Jésus-Christ.—D'un côté se trouve le fils crucifié du charpentier, de l'autre tous ces vils docteurs de la circulation des richesses et de la morale des intérêts.—Deux révolutions accomplies selon l'esprit du monde n'ont point changé le cœur des gouvernans. — Quel sera leur devoir quand on les forcera d'agir chrétiennement.

Rappelez-vous, ô chrétiens, ce que je vous ai dit. Tout le mal vient de la mauvaise foi du pouvoir, de ce pouvoir insensé qui, voulant tout ensemble professer le christianisme et perpétuer les iniquités de la politique païenne, ne peut nécessairement vivre que de mensonges et d'hypocrisie. Pour échapper à la rigoureuse application de la parole de vérité, il n'a d'autre moyen, en effet, que de la détourner de son vrai sens, lorsqu'il ne la force pas toutefois à servir ses plus abominables desseins. Et quelle que soit d'ailleurs la corruption du gouvernement, il peut toujours compter sur l'appui d'un clergé, qui ne lui demande pour le bénir, que d'accroître les richesses et l'autorité de l'Église. Princes et sacerdoce n'ont vu dans ce christianisme falsifié, qu'une source nouvelle de puissance, et ils en ont pris occasion d'inventer des dénominations honorifiques plus absurdes et plus scandaleuses encore. Ainsi les humbles successeurs des apôtres se trouvent pourvus des titres sacriléges d'*éminence*, de *grandeur*, de *sainteté*, dût-on les accoler aux noms d'un Dubois ou d'un Borgia! Et vos souverains, s'appellassent-ils Philippe II, Henri III, ou Louis XV, n'en seront pas moins des majestés de droit divin, *très fidèles* et *très chrétiennes !*

O ! le beau résultat de ce divin précepte : « Que celui qui veut être le premier d'entre « vous, se considère comme votre servi- « teur ! » O la digne manière d'entendre ces pieux enseignemens de renoncement aux honneurs et de pauvreté volontaire qui doivent consommer les nations dans l'unité ! Et toutefois vous comprendrez qu'un tel excès de folie et un si grand mépris pour la propre parole de Dieu, ne peut que nous faire entrer plus promptement dans cette voie de modestie chrétienne dont le Christ est venu nous donner l'exemple, autant par le choix de ses apôtres, que par l'humble condition où il a voulu naître lui-même. Votre Dieu, chrétiens, fils d'un charpentier, couronné d'épines et crucifié, est-ce donc l'effet du hasard ? Et les moindres circonstances de sa mission peuvent-elles être indifférentes à ceux qui le regardent comme la loi vivante de l'humanité, et croient selon les lumières de leur foi, que tout a été prévu dans l'Évangile pour mener les peuples à cette perfection sociale qui consiste dans la vie commune et fraternelle.

Il y a des insensés qui mettent la vie des États dans ce qu'ils appellent la circulation des richesses, et font un dogme du luxe et de la prodigalité. Serait-ce pour suivre ces docteurs en économique que vous abandonneriez le fils crucifié du charpentier, par lequel la sagesse est entrée dans le monde? Ou serait-ce pour vous attacher à cette autre sorte de mécréans qui prêchent la morale des intérêts, à ces lâches adorateurs de la fortune qui nourrissent leur Dieu des larmes du peuple, et offrent toute une nation en holocauste sur les autels du fisc et de la concussion? Votre religion à vous grands politiques, c'est la prépondérance du riche, la misère et l'avilissement du pauvre ! c'est tout ce qui peut corrompre les mœurs et faire plaie dans un État ! Vous obéissez au monde, et, nous, nous obéissons à l'éternelle parole de vérité ; vous voulez encore ce que voulait le paganisme, et nous, nous voulons ce que veut Jésus-Christ. Eh ! bien, que l'on choisisse entre vos maximes d'égoïsme et nos saintes maximes d'abnégation, entre l'entassement funeste des richesses dans quelques mains et leur sage dispensation dans les mains de tout le monde, entre le faux éclat d'une civilisation sans entrailles et sans justice, et la sévère grandeur d'une politique fondée sur le bien-être général. Ou, ce qui revient au même, que l'on se décide à opter entre la mort et la vie, entre ce qui doit causer la ruine des peuples ou assurer leur salut.

Malheureusement, ô chrétiens, vous êtes encore conduits par des hommes qui prétendent tirer des prestiges de l'ancienne magnificence païenne un crédit et une autorité qu'ils ne sauraient attendre de leurs qualités personnelles. Deux révolutions faites selon l'esprit du monde, et perpétuant également l'idolâtrie de la vieille forme sociale, prouveront suffisamment que ce n'est pas de vos partis politiques que peut venir le régime chrétien de la fraternité. Apparemment que la justice divine n'a point amené la chute des grands, pour que ceux qui étaient humbles et petits les surpassent à leur tour en orgueil et en perversité.

Encore une fois, chrétiens, que vos gouvernans ne soient que vos serviteurs et vous aurez fait un grand pas vers le règne de la vérité ! Qu'ils s'inclinent devant vous, et non vous devant eux ! Qu'ils s'accoutument à vous honorer comme leurs maîtres, à vous regarder comme la source de toute vraie grandeur et de toute puissance légitime ! Retranchez-leur le superflu pour qu'ils ne jouissent que d'une modeste aisance ; et faites-leur bien comprendre que les charges dont on les revêt doivent être pour eux de véritables charges. Obligez-les enfin à affranchir de toute taxe et de tout impôt ces classes laborieuses dont le travail est la richesse de l'État. Or, c'est ici l'accomplissement même de la parole du Christ ; et si cette parole, riches et grands de la terre, vous semble dure, sachez qu'il est encore quelque chose de plus dur, c'est le sort qui vous attend.

CHAPITRE VII.

Le pouvoir ne peut devenir le chef de la communauté qu'il ne soit régénéré. — Le redoublement de vices et de crimes dont nous sommes témoins, n'est que le dernier progrès d'un ordre social qui s'écroule. — Grandes leçons inutiles. — Cette génération orgueilleuse qui refuse de croire à la parole de Dieu, n'en croit que plus fermement à tous les imposteurs qui veulent la faire tomber dans le piége.

Méditez continuellement, ô chrétiens, cette vérité de notre foi, que nos biens ne sont pas tellement nôtres, qu'ils n'appartiennent encore plus à Dieu qu'à nous. D'où il s'ensuit que chaque propriété particulière ne cesse dans son isolement de constituer entre les mains du pouvoir ce grand patrimoine commun sur lequel tous les hommes ont droit aux premières nécessités de la vie. Mais avant que la parole de Dieu s'accomplisse, il faut que le pouvoir, qui doit être parmi vous le chef de la communauté, reçoive le baptême de l'esprit et entre sincèrement dans la voie chrétienne. Alors vos gouvernans, humbles et révocables serviteurs de leurs frères, aimeront la patrie; alors ils auront faim et soif de justice et donneront des exemples de droiture et de probité comme ils en donnent maintenant de vol et de brigandage. Car ce n'est pas à ceux-ci qu'il appartient de nous conduire dans la terre promise de l'Évangile, de dispenser utilement les trésors de l'État et de régler en bons pères de famille les affaires de la communauté. S'il faut le dire, je les crois encore plus misérables que l'apôtre infidèle qui portait la bourse et trahit le Sauveur. Judas ne se tuerait point de nos jours, mais il garderait le prix du sang et en achèterait de bonnes rentes et de bonnes maisons.

Considérez donc présentement, chrétiens, que votre devoir est de détruire un ordre social qui met une pareille engeance à votre tête, et vous donne pour maîtres ceux que vous devriez rougir d'avoir pour serviteurs. Jugez, comme ils le méritent, ces hommes puissans qui se chargent de représenter parmi vous les plus vils instincts, et couvent dans leur cœur endurci la trahison et l'assassinat. Ne leur suffisait-il pas que le peuple entretînt à ses dépens un faste et des grandeurs qui le corrompent, et devions-nous encore voir ce même peuple acquitter à la sueur de son corps les dettes que l'on contracte envers les plus grands scélérats? C'est, du reste, une conséquence nécessaire de vos principes, que votre ordre social en soit réduit sur son déclin à ne pouvoir plus se soutenir que par l'excès même de sa corruption. En vain prétendriez-vous restaurer une société vieillie dans l'intrigue et le mensonge; la politique païenne du vieux monde n'a rien tant à craindre que de tardifs scrupules qui l'empêcheraient de passer outre à l'infamie. Il faut qu'elle suive son cours, qu'elle pervertisse et pervertisse sans cesse. Et, sous ce rapport, il n'est homme du pouvoir qui ne fasse admirablement bien sa charge et ne puisse aujourd'hui se flatter d'avoir fortement contribué pour sa part à détruire quelque sainte croyance, quelque noble et généreux sentiment.

Cependant la vérité, de son côté, gagne chaque jour du terrain, et rend de plus en plus difficile la position de l'homme d'État. On gouverne, pour ainsi dire, sur un champ de bataille, et nul ne prend maintenant le pouvoir qu'il ne joue sa tête. C'est aussi pourquoi nous vous conjurons de revenir à la source de toute justice et de toute vérité, en brisant les derniers liens qui vous rattachent encore à la politique païenne. Eh! quelle génération a jamais reçu de plus salutaires enseignemens, et passé par des épreuves plus capables de lui montrer le néant de tout ce qu'on appelle grandeur et prospérité des empires? Nous avons soumis les nations, nous avons parcouru l'Europe en maîtres, et joui de la gloire des conquérans; et présentement cette gloire nous est enlevée. Nous avons ensuite amassé de grandes richesses par nos labeurs et notre industrie; et ces richesses, tombées dans des mains indignes, n'ont servi qu'à faire plus vivement sentir au peuple l'horreur de sa misère actuelle. La gloire la plus pure, celle des lettres, nous était justement acquise; nous pouvions, nobles émules de l'antiquité, rivaliser avec ses plus beaux génies! Et voilà qu'il ne nous reste qu'à rougir de la littérature mercantile de notre âge, et d'une race d'écrivains ignorans et cupides qui en ont fait un champ d'ignominie.

Or, il fallait apparemment que les choses arrivassent ainsi, pour justifier la parole de celui qui nous apprend à mépriser tout ce qui n'est pas justice et vérité. Et nous devons encore reconnaître dans nos désastres l'effet de cette grande loi d'égalité, selon laquelle il ne doit y avoir dans la succession des temps ni vainqueurs ni vaincus, ni riches ni pauvres, et par conséquent ni grandeurs solides ni fortunes durables. Dieu a mis toutes choses à la portée de tous, et la chute des empires n'est, dans l'ordre de la Providence, qu'un moyen de nous ramener, quand il le faut, au point d'où nous sommes partis. Ce que vous appelez, dans votre ignorance, instabilité et vicissitude des choses humaines, cache aux yeux de l'impie l'éternelle sagesse, qui fait sortir de la ruine des États une justice que les peuples trouveraient naturellement dans l'application de la loi évangélique.

Mais voilà ce que ne veut point comprendre cette France si entêtée de son orgueil philosophique, cette France dont l'endurcissement et la folie vont jusqu'à mettre l'incrédulité au nombre de ses titres de gloire. Elle se vante de renier la foi de ses pères, et elle croit aux plus absurdes doctrines; elle méprise la parole de Dieu, et elle prend confiance dans toutes les promesses, dans tous les sermens que lui font de lâches imposteurs. Depuis cinquante ans qu'elle a abandonné ses croyances, elle se donne à tous les partis, elle se jette entre les bras de toutes les factions, de tous les intrigans qui se relayent au pouvoir pour la tromper; et c'est ainsi que de trahisons en trahisons, d'apostasies en apostasies, nous sommes arrivés à cette effrénée corruption sur laquelle une politique abominable fonde maintenant toutes ses espérances.

Corrompre et avilir n'est-ce donc pas gouverner, se sont dit nos hommes d'État? Et qui mieux que nous d'ailleurs, sait ce que peut rendre un gouvernement constitutionel bien conduit et bien administré? Nous en connaissons toutes les prérogatives, et nous voulons qu'on nous laisse tranquillement savourer le pouvoir et pourrir dans notre ordure. Or, voilà ce qui fait aujourd'hui l'édification du peuple français! Et pour comble de misère, il appelle encore à son secours tous les faiseurs de richesses, tous les docteurs en fraude et en charlatanisme, et les anciens compagnons de la *femme libre*, et les profonds politiques *du groupe* et *de l'harmonie!* Philosophes déterminés et libérateurs de profession! qui n'attendent pour sauver la France, que le moment de mettre à leur tour la main sur le trésor.

CHAPITRE VIII.

Vanité des calculs scientifiques. — Folie de ceux qui mettent leurs espérances dans une jeunesse corrompue. — N'attendons point des autres le succès d'une régénération que notre devoir est d'accomplir nous-mêmes. — Bien que chaque changement de gouvernement ait été pour la France une plaie nouvelle, jamais on n'avait encore vu jusqu'à ce jour le pouvoir porter si loin les ravages de la corruption.

Où fit-on jamais de pareilles recherches en économique? Où poussa-t-on jamais si loin l'art de la statistique et le secret d'interroger les faits? Et, cependant, qui jamais eut autant que nous de sottises et d'erreurs à se reprocher? C'est, en effet, que la science toute matérielle de l'analyse et du calcul ne donne ni le discernement des choses morales ni l'intelligence de cette suprême sagesse par laquelle Dieu conduit le monde.

Où permit-on jamais à la jeunesse de prendre ces airs hautains qu'elle affecte aujourd'hui, de faire gloire de son inexpérience et de sa sottise jusqu'à usurper le respect et l'honneur qui ne sont dus qu'à l'âge ? Nous demanderons encore dans quel siècle on vit une jeunesse plus mal élevée que celle dont on semble attendre parmi nous de si grandes choses ? Nouvelle preuve de la corruption d'un peuple qui, peu jaloux d'acquérir les vertus qu'il n'a point, aime mieux placer ses espérances dans chaque génération qui vient à quitter la lisière ! Rien de plus commode, en effet, que de se décharger de l'avenir sur les autres ; et l'habitude en est si bien prise de notre temps que c'est toujours d'une France au maillot que nous faisons dépendre le salut de l'État. Comme si dans toute décadence des sociétés, la dernière génération ne devait pas nécessairement être la plus folle et la plus perverse!

Au lieu donc de compter lâchement sur vos neveux, accomplissez vous-mêmes cette œuvre de régénération, que vous ne sauriez sans crime renvoyer à un autre temps. Si vous n'osez maintenant combattre pour la vérité, de quel droit en feriez-vous plus tard un devoir à ceux qui vous suivent? Serait-ce aux déportemens furieux de ce qu'on appelle la jeune France, serait-ce à ses insatiables appétits de biens et d'honneurs que vous la jugeriez plus digne que vous de servir la sainte cause de la vérité? Ah! ce qu'il faut au contraire, pour substituer au vieux monde païen le règne de la fraternité chrétienne, c'est une âme pure, une ardeur de zèle et une soif de justice qui ne se démentent jamais. Peu de personnes sans doute ont en partage une si grande vertu : mais, après tout, ne suffit-il pas de quelques hommes seulement pour changer la face du monde !

Travaillez donc dès à présent à accomplir votre œuvre, vous en qui Dieu a mis l'amour de la vérité ! Persistez dans votre généreuse résolution, persistez-y jusqu'à la mort, et ne faites pas comme ces hommes sans frein et sans croyances qui ne se sont déclarés les vengeurs du peuple que pour le trahir ensuite. Ne vous rendez point semblables à ces lâches hypocrites qui veulent tantôt ouvrir et tantôt fermer l'abîme des révolutions, selon que la révolte ou la servitude paraissent entrer dans leurs parricides desseins. Pour celui qui croit à la parole de vérité, il n'en saurait être de même, car sa conscience et sa foi lui ordonnent de faire ce qui est dans l'intérêt de tous, et c'est une conséquence naturelle du grand principe de fraternité. Du reste, vous n'ignorez pas combien sera pénible l'enfantement du nouvel ordre social annoncé dans l'Évangile, et dont le Christ a pu dire à l'avance : « Je ne suis pas venu apporter la paix, mais « l'épée. »

Tout disciple de la vérité doit savoir que Dieu ne parle point en vain, et qu'il n'est aucun de ses commandemens qui, selon l'état qu'on en fait, ne donne ou la vie ou la mort. Malheur donc à ceux qui se révolteraient encore une fois contre l'ordre de la Providence ! Ils seront punis comme l'ont été depuis cinquante ans de révolutions, les insensés qui se sont imaginés qu'ils pouvaient relever à leur profit ce que Dieu avait renversé de sa main puissante. Vos plus fiers républicains, hélas ! ne sont-ils pas morts à la peine ? Et n'est-ce pas l'aveugle complicité du peuple qui lui a valu les plaies de l'Empire et de la Restauration, et cette plaie mille fois plus affreuse qui nous dévore maintenant ? Or, de nouvelles épreuves menacent la France. Il s'agit de savoir si décidément on préfère à la loi du Christ, qui unit les hommes dans un amour vraiment fraternel, ce que, pour notre perte, l'ancien monde tient encore en réserve de machinations et d'impostures sociales. En continuant à marcher dans ces voies, nous aurons comblé la mesure, et sans doute le châtiment ne se fera pas attendre.

Que ces paroles, ô France, soient pour vous un avertissement salutaire ! Puissent-elles vous faire comprendre que votre salut est désormais attaché au grand principe d'ordre social évangélique et non à la prétendue sagesse de ce pouvoir païen qui met encore sa confiance dans la fourbe et la corruption. Ah ! si vous étiez, peuple, ce que vous devez être vous-même, que vous auriez bientôt forcé vos maîtres d'accomplir une justice dont ils vous doivent les premiers l'exemple ! Eh ! quoi, lorsque nous demandons au pouvoir de se régler sur la doctrine de Jésus-

Christ, est-ce donc vouloir autre chose, sinon qu'il soit réellement ce qu'il affecte de paraître à nos yeux, chrétien sincère et religieux observateur de la volonté divine ?

S'il ne méprisait point, au fond, la parole de vérité, oserait-il faire des plus mauvaises passions de l'homme le principal ressort de sa politique, et voudrait-il allumer lâchement dans toute une nation la soif meurtrière des richesses et des honneurs ? Le verrait-on sourire au scandale de ces prodigieuses fortunes, dont il s'empresse de saluer lui-même la subite apparition ? Le verrait-on prendre en sa protection tant de malhonnêtes gens, et autoriser la race avide des fonctionnaires à de si grandes infamies, qu'il vaudrait sans doute mieux n'être point gouverné du tout que de l'être de cette façon ? En un mot, et pour en finir, le verrions-nous combler de faveurs et payer de notre argent cette sale et ignominieuse école de romanciers modernes qui se sont donné la mission d'insulter au bon sens, et de détruire, tout ensemble, les mœurs et la foi ?

Un gouvernement chrétien eût, au contraire, voulu réprimer l'esprit d'impiété, qui conduit les États à leur ruine ; et si le pouvoir n'était devenu parmi nous le type de la fourbe et de l'hypocrisie , il aurait fait prompte justice de cette absurde opinion qui prétend, à la honte de notre siècle, que la loi doit être incrédule et athée. Défendre la cause de Dieu, n'est-ce pas défendre la cause même du peuple? Et qu'y a-t-il donc de plus à craindre pour une nation que ces politiques insensés qui mettent l'athéisme au nombre de leurs dogmes infâmes, et pensent qu'il suffit d'habituer les hommes à nier la Providence divine, pour que Dieu qui est au ciel ne se mêle point de leurs affaires ?

CHAPITRE IX.

Que n'a-t-on pas fait pour pervertir la société? — En épuisant les moyens de corruption, le pouvoir à lui-même hâté la destruction du vieil ordre social païen. — Telle est la perversité de nos mœurs, qu'une catastrophe est imminente.—Abominations qui appellent une révolution sociale. — Notre châtiment est commencé, et il ne peut finir que par la ruine de ceux qui trompent le peuple.

Assurez-vous que ceux qui vous trompent, réduits à faire jouer sans cesse des ressorts plus misérables, ne savent déjà plus comment échapper au naufrage, et finiront par se noyer bientôt dans leur propre infamie. Mais que les dernières convulsions de leur ordre social seront affreuses, grand Dieu ! s'il en faut juger par cette rudesse barbare qui a gagné nos mœurs, et par tous ces crimes abominables qui assiègent notre caduque société ! Ce sont chaque jour des lâchetés nouvelles, des forfaits plus étranges ! Hélas ! qui peut savoir combien il nous reste encore d'humiliations à subir ! combien encore de degrés à descendre sur le chemin de la honte, avant de rencontrer le désespoir et la mort !

Ce que l'on a fait pour gâter l'esprit du peuple est vraiment incroyable. Rien n'a coûté de ce qui pouvait le divertir de ses opinions, de ses principes, de ses devoirs, et lui ôter, avec les vertus morales, le sentiment de sa dignité. Il a été poussé à tous les excès, à tous les genres de débauche, par les discours de ses maîtres et par les exemples qu'ils donnaient. Pièces de théâtres, livres, peintures, tout concourait au même but ; il n'est pas jusqu'à nos histoires modernes qui n'augmentent encore la corruption, soit en louant ce qui est méprisable, soit en accordant de nobles sentimens ou des vertus chevaleresques à des hommes perdus d'honneur.

Voyez aussi comme de dessein prémédité, on s'est arrangé pour lever tous les obstacles mis à la perversité des mœurs, pour adoucir toutes les pentes qui pouvaient conduire plus facilement une nation aux abîmes. Tandis que d'un côté le pouvoir lâchait la main au vice, de l'autre il modérait les peines et ajournait les condamnations. Et les jurés, trop bons philanthropes pour soupçonner le but d'une pareille indulgence, ont eux-mêmes, par leur stupide mansuétude, favorisé ce débordement de crimes qui couvre maintenant d'opprobre notre patrie.

Soyez donc satisfaits, vous qui n'avez entraîné le peuple dans l'orgie du vice, que pour lui mettre le pied sur la tête. Soyez satisfaits d'un succès qui a peut-être surpassé votre attente ; et félicitez-vous surtout d'avoir rencontré pour les élever aux premières charges de l'État, tant de gens tarés, tant d'hommes nourris de bassesses et d'ignominie, avec lesquels il est si facile de s'entendre, et les seuls du reste que vous puissiez regarder en face sans rougir. C'est la meilleure condamnation de ce qu'on appelle le monde, c'est le dernier coup porté à cette vieille société païenne, dont vous avez cru follement rajeunir la fausse politique en logeant dans des grandeurs conspuées des hommes de rapine et de brigandage.

Encore si l'édifice social en ruine ne devait écraser que ceux qui s'y sont retranchés pour notre honte ! Mais plus ils en retarderont la chute inévitable, plus ils entoureront d'impuissans étais ce vieux nid de corruption, et plus aussi la catastrophe sera sanglante et terrible. Non, vous ne sauriez, misérables insensés, rendre la vie à une société dans laquelle il n'y a plus ni bons sentimens ni droiture de cœur. Non, vous ne sauriez sauver un État où nul ne peut répondre de l'homme qu'il connaît; où celui que l'on a commis à la surveillance des autres veut être lui-même surveillé, où celui qui poursuit maintenant un crime sera demain à son tour poursuivi, où celui qui juge et condamne les malfaiteurs sera pour son propre compte jugé et condamné. Cette nation ne peut revivre que sous d'autres lois, et sous une autre forme sociale qui change les cœurs et rende aux hommes l'amour de la vertu. Ce qu'il y a de plus affreux, c'est que par l'effet même de la perversité du pouvoir, la race des honnêtes gens manque tout-à-fait en France; et ce ne seront ni vos lois, ni vos ordonnances, ni vos canons, ni vos bastilles qui préviendront l'explosion horrible des mauvaises passions que vous avez vous-mêmes soulevées.

Et l'on pourrait s'imaginer que Dieu n'a

eu d'autre dessein en donnant la raison à l'homme, en lui donnant une conscience et une âme immortelle, que de le faire tomber dans les embûches de la plus détestable des politiques! Et l'on pourrait s'imaginer que Dieu n'a multiplié les peuples et assemblé les nations que pour le plaisir d'une bande de scélérats, qui, sous l'ombre de gouverner, corrompent et pervertissent l'œuvre du Créateur! Non, chrétiens, vous ne penserez point que la parole de vérité ne soit venue dans le monde, que pour vous laisser dans ce cloaque d'impuretés, dans cet ordre social de perdition où vous ne rencontrez plus que bêtes féroces et immondes, que parjures, voleurs, assassins. Ah! plutôt que de mettre en doute les éternels décrets de la Providence, croyez au châtiment d'une génération à bout de honte et d'infamie; croyez à une de ces grandes révolutions qui prouvent du moins que tout n'est pas encore perdu. Et vous qui nous gouvernez, rappelez-vous bien qu'il est en Dieu une force de justice et une colère d'équité qui enfantent ces époques redoutables, où les premiers de l'État vont rendre compte sur l'échafaud des trésors de puissance qui sont entre leurs mains pour le bonheur et la prospérité de tous. Rappelez-vous surtout que les grands n'ont péri en France que parce qu'ils avaient renié leur foi et trahi leur devoir; que les prêtres n'ont eux-mêmes subi la persécution, que parce qu'ils s'étaient faits les sacriléges instrumens d'un monde qu'ils prétendaient continuer à leur profit. On a dit que la république et l'Empire s'étaient tués de leurs propres mains; et ce n'est pas avec moins de vérité qu'on affirmera que ce sont les royalistes eux-mêmes qui ont perdu la monarchie, que ce sont les dévots et le clergé qui ont perdu la religion. Et que doit-on en penser, sinon que la corruption est universelle, et le mal si grand qu'il ne laisse plus ni à un seul principe ni à une seule croyance la force de se défendre.

Or, de ce châtiment terrible d'une société sans foi, condamnée à ne plus rien établir de durable, il n'y a qu'un pas à toutes les horreurs de la servitude et de l'invasion. Eh! bien, allez, courez à votre malheureux sort, peuple trop égoïste pour aimer encore la patrie! Allez, et si vous ne savez plus préparer des armes pour un jour de combat, préparez du moins vos bras à recevoir les fers qu'on vous destine. N'avez-vous donc pas des écrivains pour chanter sur tous les tons les douceurs de l'esclavage et les bienfaits de la tyrannie? N'avez-vous pas, pour vous donner l'exemple, une jeunesse fastueuse, habituée depuis long-temps à prodiguer les mépris et l'insulte à cette chère patrie qu'elle laisse mourir de honte? En effet, génération incrédule et railleuse, moquez-vous de la foi de vos pères, moquez-vous de leur patriotisme, de leur courage, de leur désintéressement surtout! Mais, croyez-moi, dépêchez-vous, aveugles que vous êtes; car la mort, qui ne saurait vous frapper par devant, pourra bientôt vous atteindre dans une fuite honteuse. Des vices grossiers, l'impudence et l'escroquerie sont de mauvais préparatifs pour faire tête à l'orage.

Et voilà la perfection que nous nous étions apparemment proposée; c'était pour honorer dans nos maîtres la fortune mal acquise, pour honorer ou les lâches artifices ou les violences du pouvoir que nous avons cessé d'honorer cette sainte parole de vérité, qui ne demandait qu'à nous réunir sous son aile comme une même famille et comme un peuple de frères. Ah! sans doute, elle peut encore vous sauver, si, n'écoutant que la voix sacrée de la justice, vous renoncez à cet esprit d'orgueil et de mensonge qui vous fait ennemis les uns des autres. Elle peut encore vous sauver, si, travaillant à rendre l'ordre social vraiment chrétien, vous revenez à la règle d'équité qui seule est la gloire et le salut des nations. Mais ne pensez point qu'il y ait deux vérités, ni deux manières d'arriver au bien : nous ne connaissons qu'une seule voie, et c'est celle que le Christ vous a enseignée.

Oh! si votre salut dépendait du monde et de sa politique, d'où vient que tant de gouvernemens que nous avons vus se succéder les uns aux autres n'ont fait qu'accroître les misères du peuple et rendre son sort toujours plus affreux! D'où vient que les efforts des plus déterminés apôtres de la raison et des lumières n'ont servi qu'à égarer la raison publique et le sens moral de la nation ! Non, chrétiens, ce n'est point d'un homme, ni d'une faction, ni d'un gouvernement que vous devez attendre la régénération de l'ordre social, mais seulement de votre foi dans les principes par lesquels vous êtes appelés à changer la face du monde. Or, je parle à ceux qui ont des oreilles pour m'entendre, et je leur dis : c'est à vous d'opter entre le langage austère de la vérité et les mensonges convenus de la politique païenne, entre les nobles labeurs de la vertu et les joyeux passe-temps du vice, entre l'inflexible rigueur de la justice qui porte remède au mal, et cette facilité honteuse qui le rend incurable, entre le châtiment de quelques vils instrumens de corruption et la ruine entière d'un peuple ; c'est-à-dire entre la vie et la mort, entre la parole de Dieu qui nous a rachetés et les doctrines du monde qui nous conduisent à notre perte.

CHAPITRE X.

Les jours de douleur et d'enfantement sont proches.—Il n'est pas maintenant jusqu'aux délassemens de l'esprit qui ne contribuent à pervertir les mœurs. — Les salons du grand monde sont de véritables foyers de corruption. — La France, toute haletante de vices et de crimes, touche à sa dernière heure, si elle ne secoue le joug de pourriture qui la dévore. — L'inutilité de deux révolutions politiques montre que le salut du peuple ne peut venir que d'une révolution sociale chrétienne.

Croyez-moi, prenez au plus tôt votre parti. Déjà le tonnerre gronde, déjà les éclairs sillonnent la nue. De grands événemens sont près de s'accomplir, et peut-être ne sera-t-il plus temps de reconnaître la vérité de ces paroles lorsque la mort et la désolation planeront sur vos têtes. Faites donc ce que la justice vous commande; séparez-vous du vieux monde, et travaillez dès à présent à fonder un nouvel ordre social.

Lorsque vous voyez les méchans être si bien d'intelligence pour s'emparer des richesses et des honneurs, lorsque vous les voyez s'entendre de tous côtés pour favoriser la rapine et la concussion, pour affamer le pauvre, trahir et déshonorer la France, osez donc vous entendre vous-mêmes pour opérer par le principe de la fraternité cette révolution sociale dont le Christ est venu nous apporter la bonne nouvelle. Osez franchement vous unir pour vivre dans toute la vérité de votre croyance, et pour former à votre image des hommes désintéressés, simples et modestes, capables de mettre en pratique ces grandes vertus chrétiennes que le monde a jusqu'ici méprisées. Votre affaire, à vous, n'est pas de savoir si vous réussirez, mais de travailler sans relâche à produire des œuvres de justice et de vérité. C'est là votre mission, Dieu fera le reste.

Toutefois, vous ne vous étonnerez pas des obstacles qui restent encore à vaincre dans un ordre social où l'on a mis tout en œuvre pour tuer la probité; où les choses les plus indifférentes, et jusqu'aux simples délassemens de l'esprit, gâtent maintenant les mœurs et offrent un nouvel aliment à la corruption. Dans l'abandon où l'on est de toute croyance, on n'a songé qu'à se donner à soi-même le change, et l'on s'est fait une religion ou plutôt une idolâtrie des beaux-arts. Aujourd'hui chacun joue l'enthousiasme et la fureur poétique; chacun dans ce temps de désordre prétend copier jusqu'aux sottises de ce qu'on appelle les gens à talens, affectant de vivre comme eux dans la licence, se piquant de folie et d'incivilité, et s'inquiétant beaucoup plus de mériter la réputation d'artiste, que celle d'homme de bien. Et de là vient aussi que la multitude s'accorde particulièrement à louer tout ce qui blesse les sentimens honnêtes; qu'elle vante les plus mauvais livres, et rend chaque jour des honneurs extraordinaires à des chanteurs et à des danseuses. Cependant, on n'est pas à proprement parler un grand citoyen, parce que l'on fait profession d'amuser les gens désœuvrés; et rien ne montre mieux l'aveuglement d'une nation, que de la voir confondre dans de communs respects l'homme qui monte sur les tréteaux avec l'homme qui sert l'État.

Que pouvons-nous dire d'ailleurs de cette bonne compagnie, reine et institutrice du monde, sinon que, chargée de donner l'exemple, elle est aujourd'hui devenue cause de perdition et foyer d'immoralité? Ah! qui sait l'influence funeste qu'ont eue sur les mœurs ces splendides salons, d'où le bon ton semble avoir exclu la sincérité des sentimens et la vertueuse inflexibilité des principes? Ils ne savent pas, les insensés, que le vrai chrétien doit haïr et fouler aux pieds tout ce que le monde a le plus en recommandation. Le mépris qu'il fait des rangs, du pouvoir et des richesses, mépris que l'on taxe de révolte et de folie, il l'appellera, lui, haute morale et vertu évangélique. Détester les déportemens et les scandales dont nous sommes chaque jour témoins, n'est-ce donc pas appliquer au courant de la vie la généreuse indignation et la sainte colère de tous ces justes que l'on nous propose pour exemples? A quoi bon nous faire connaître leurs enseignemens et leur doctrine, s'il n'en faut pas moins honorer tant d'abominations dont nos maîtres se sont rendus coupables? Ou détruisez tout d'un coup les préceptes et les ordonnances dont nous avons été nourris, ou rentrez vous-mêmes dans ces beaux sentimens de justice et de fraternité qui font l'objet de notre foi.

Que si la France, toute haletante de vices et de crimes, ne secoue promptement ce joug de pourriture qui la dévore, qu'elle sache bien qu'il n'est plus pour elle ni délais ni miséricorde. Que cette malheureuse nation regarde au fond de l'abîme tant de peuples entassés les uns sur les autres, et qu'elle ose dire ensuite que les États ne meurent point de corruption. Et, cependant, votre salut, ô France, dépend encore de vous ! Retournez à la foi de vos pères, à ce divin Évangile par lequel la vérité est entrée dans le monde, et tous les fléaux suspendus sur votre tête s'évanouiront comme ces nuages menaçans que dissipe le soleil. Attachez-vous à l'esprit de Jésus-Christ, faites-en l'âme de vos conseils, et il détruira ces folles grandeurs qui ne sont que la continuation de la politique païenne ; il mettra un frein à cette insatiable cupidité qui perpétue sous la loi nouvelle la race proscrite des riches et des grands ; il brisera ce vieil ordre social, monument de honte et d'opprobre, dont les perverses institutions ont à la longue étouffé la parole de vérité.

Ne vous en prenez qu'à vous-même, ô France, d'avoir été si long-temps la dupe des plus vils intrigans. N'accusez que vous seule de l'inutilité de ces deux grandes révolutions qui n'ont porté au pouvoir que des hommes sans conscience, bien résolus de continuer pour leur propre compte l'infamie de ceux qui s'en allaient. Et encore devaient-ils dans leur abominable trahison, surpasser les autres en folie et en iniquité. Car il est d'exemple que le levain de l'ancienne société, en pervertissant les hommes sortis de la classe du peuple, les a rendus plus vicieux et plus méchans que ceux-là mêmes dont ils avaient usurpé les richesses et les grandeurs. Et c'est ce qui fait aussi que le vrai disciple de Jésus-Christ condamne ces révolutions politiques dont on s'est jusqu'à présent servi pour tromper les peuples et rajeunir les folies et les mensonges surannés du vieux monde païen. Mais il veut une révolution sociale, une révolution toute chrétienne, qui donne aux hommes cette loi de grâce et de fraternité à laquelle le Christ nous est venu préparer. Il veut que l'on persévère dans les voies de celui qui est la vérité même, et hors desquelles la France ne peut attendre que misère et servitude, et, en dernière fin, l'invasion.

Ne rougirez-vous donc pas, ô malheureuse nation, d'avoir sans cesse mis votre confiance dans des hommes qui en étaient indignes? Ne rougirez-vous pas enfin de croire à des magistrats qui font métier de corrompre, à des prêtres hypocrites qui souillent leur sacré ministère, à des factions qui se succèdent au pouvoir pour trahir et déchirer l'État, à des sectes impies qui disputent d'extravagance et de cynisme? Laissez pénétrer dans vos cœurs l'amour de la justice, faites votre suprême loi de la parole de celui qui ne prescrit que des œuvres saintes, et entrez résolument dans son règne, ce règne de sagesse et de perfection où vous n'aurez au-dessus de vous que la vérité, et pour vous gouverner, que des hommes qui se considèreront comme vos serviteurs. Car le temps des grandeurs de ce monde est passé, le temps des magistratures païennes et de tous les priviléges de la chair et du sang. Ah! que la France sache bien que la parole du Christ va détruire tout ce qui n'est pas selon la justice et l'équité; mais qu'il soit bien entendu aussi que cette même parole divine brisera les nations infidèles et régnera sur le tombeau du superbe et de l'impie.

TABLE DES CHAPITRES.

www.ingramcontent.com/pod-product-compliance
Lightning Source LLC
LaVergne TN
LVHW020350230826
846091LV00003B/1052

* 9 7 8 2 0 1 2 9 9 6 6 4 9 *